L²⁷n
40664.

NOTICE

SUR LES

TITRES ET TRAVAUX

SCIENTIFIQUES

DE

M. LE PROFESSEUR A. BOUCHARD

(DE BORDEAUX)

BORDEAUX

G. GOUNOUILHOU, IMPRIMEUR DE LA FACULTÉ DE MÉDECINE

11 — RUE GUIRAUDE — 11

1889

NOTICE

SUR LES

TITRES ET TRAVAUX SCIENTIFIQUES

DE M. LE PROFESSEUR A. BOUCHARD

NOTICE

sur les

TITRES ET TRAVAUX

SCIENTIFIQUES

DE

M. LE PROFESSEUR A. BOUCHARD

(DE BORDEAUX)

BORDEAUX

G. GOUNOUILHOU, IMPRIMEUR DE LA FACULTÉ DE MÉDECINE

II — RUE GUIRAUDE — II

1889

NOTICE

SUR LES

TITRES ET TRAVAUX

SCIENTIFIQUES

DE M. LE PROFESSEUR A. BOUCHARD

TITRES UNIVERSITAIRES

Interne des hôpitaux de Strasbourg, 1854.

Docteur en médecine (Strasbourg), 1856.

Agrégé d'Anatomie et de Physiologie à la Faculté de Strasbourg, 1865.

Transféré après la guerre à la Faculté de Nancy, 1872.

Chef des travaux anatomiques à la Faculté de Nancy, 1873.

Professeur d'Anatomie à la Faculté de Bordeaux, 1878.

Directeur de l'Institut anatomique de Bordeaux, 1878.

SOCIÉTÉS SAVANTES

Membre de la Société de Médecine de Strasbourg.
Membre de la Société des Sciences de Strasbourg.
Membre de la Société de Médecine de Nancy.
Membre de la Société des Sciences de Nancy.
Membre de l'Académie de Stanislas de Nancy.
Membre de la Société de Médecine et de Chirurgie de Bordeaux.
Membre de la Société d'Anatomie normale et pathologique de Bordeaux (en a été Vice-Président).
Membre de la Société des Sciences physiques et naturelles de Bordeaux (en a été Vice-Président).
Membre de la Société scientifique et des Laboratoires marins d'Arcachon (en est Vice-Président).
Membre de la Société d'Anthropologie de Bordeaux et du Sud-Ouest (en est Secrétaire général).
Membre de la Société d'Hygiène publique de Bordeaux.
Membre de la Société géographique.

DISTINCTIONS HONORIFIQUES

Officier de la Légion d'honneur.
Officier de l'Instruction publique.
Commandeur de l'Ordre royal de Charles III d'Espagne.
Commandeur de l'Ordre impérial de la Rose du Brésil, etc.

TRAVAUX SCIENTIFIQUES

OUVRAGES PUBLIÉS

Essai sur les gaines tendineuses du pied. — Thèse de Doctorat. Strasbourg, 1856.

C'est dans cette thèse que pour la première fois les synoviales tendineuses du pied ont été décrites. Dans plusieurs traités de Chirurgie et d'Anatomie publiés à l'étranger, ces gaines sont désignées sous mon nom, et nul ne m'en conteste la priorité. Après les avoir décrites en détail, ainsi que leurs rapports, j'insistais dans ce travail sur leur importance dans les différentes opérations pratiquées sur le pied et je les considérais comme les voies naturelles par lesquelles se produisent les fusées purulentes.

Du tissu conjonctif. — Thèse d'Agrégation. Strasbourg, 1865.

Les connaissances un peu vagues encore que nous possédions il y a vingt-cinq ans sur la nature et la structure du tissu conjonctif sont exposées dans cette brochure. Depuis que nos connaissances se sont élargies et transformées sur cette question, la thèse de 1865 n'a plus, en réalité, qu'un intérêt historique; elle indique l'état de la science au moment où elle fut composée.

Nouveaux Éléments d'Anatomie descriptive et d'Embryologie (en collaboration avec M. BEAUNIS). Paris, J.-B. Baillière, gr. in-8° de 1,100 pages, avec 456 figures d'après nature.

1re édition, 1868.
2e édition, 1873.
3e édition, 1880.
4e édition, 1885.

Chaque édition est de 4,000 et passes.

Cet ouvrage est, en très peu de temps, devenu classique en France et à l'étranger. Il est traduit en espagnol, en portugais et en italien. Une deuxième édition de la traduction italienne vient de paraître. Ce traité nous a valu de nombreuses félicitations de nos collègues français et étrangers.

Nouveaux Éléments de Physiologie humaine, par WUNDT, traduit de l'allemand, revu et corrigé par A. BOUCHARD. — Paris, 1872, Savy, gr. in-8°, 623 pages.

Fait surtout au point de vue des applications des sciences mathématiques et physiques à l'étude des phénomènes physiologiques; cet ouvrage, hérissé de formules, devenait d'une extrême difficulté pour la plupart des élèves et même pour les maîtres. J'ai donc dû ne pas m'en tenir toujours au texte allemand et en refondre souvent des pages entières. Nombre de formules que j'ai conservées ont dû être reprises et recalculées ; ce n'est qu'au prix d'un travail long et ardu qu'il m'a été possible de mener à bien cet ouvrage. Mon ami M. Beaunis s'est fréquemment servi, dans son beau *Traité de Physiologie,* de la traduction que j'ai faite de l'œuvre de Wundt.

Précis d'Anatomie et de Dissection (en collaboration avec BEAUNIS). — Paris, 1877, J.-B. Baillière, in-16, 400 pages.

Ce manuel est traduit en espagnol et en italien.

Articles *Rachis* et *Scalènes* du *Dictionnaire encyclopédique*.

Du Nanisme, à propos de la princesse Paulina.
Journal de Médecine de Bordeaux, 1884.

C'est une étude complète de cette petite naine qui s'est exhibée dans toutes les foires de l'Europe ; à son propos, j'ai recherché quelles pouvaient être les causes du nanisme et j'ai dû conclure à notre ignorance absolue des conditions embryologiques ou ancestrales capables de le déterminer. Craignant que les parents de la petite Paulina ne cherchassent à m'induire en erreur sur les conditions de la naissance de l'enfant, sur l'état de ses frères et sœurs et sur d'autres questions encore, je me suis adressé directement au docteur-médecin qui avait soigné et connu cette petite naine depuis sa naissance; il a bien voulu me donner tous les renseignements qui m'ont permis de publier cette étude.

L'Homme-Tronc. — *Journal de Médecine de Bordeaux,* 1885.

Cet homme, Sibérien d'origine, s'est fait voir partout; ses membres supérieurs et inférieurs sont réduits à l'état de moignons. En l'examinant attentivement, on s'aperçoit qu'il ne s'agit nullement chez lui d'une phocomélie, car, en effet, les portions des humérus et des fémurs qui persistent sont normalement développées et absolument semblables aux extrémités d'os amputés. Ces considérations, jointes aux renseignements que j'ai pu obtenir sur son compte, m'ont fait conclure à une amputation quadruple intra-utérine, due probablement au cordon. Cette possibilité avait été soutenue jadis, mais l'étude des phocomèles l'avait fait abandonner. J'ai cru devoir la reprendre, car elle seule peut expliquer comment la surface des os sectionnés, ainsi que le vestige de cicatrice centrale sur l'extrémité des moignons, sont sur notre sujet identiques à ceux des individus amputés chirurgicalement. Il n'existe pas chez lui un vice de conformation dans la véritable acception du mot, mais bien une amputation des membres embryonnaires en voie de formation, accident qui n'a pu se produire que dans l'utérus.

Une Mission scientifique en France et à l'étranger.
Journal de Médecine de Bordeaux, 1884.

Au moment où l'Institut anatomique de Bordeaux allait être définitivement installé, la Municipalité de notre ville a bien voulu me charger d'étudier sur place les différents laboratoires d'anatomie de notre pays et ceux des pays les plus voisins de nous. J'ai donc été étudier ceux de Paris, de Nancy, de Strasbourg, de Genève et de Lyon. La brochure que j'ai publiée lors de mon retour contient un résumé détaillé de ce que j'ai vu. De cette étude comparée est résultée l'organisation matérielle et scientifique de l'Institut anatomique de Bordeaux, que je dirige. Aux progrès réalisés chez nos voisins, j'ai pu en adjoindre d'autres qu'une longue expérience m'avait suggérés et dont les indications sommaires se trouveront dans le dernier chapitre de l'exposé de mes travaux. (Voir page 27.)

Études biologiques sur les modifications de la circulation qui suivent immédiatement la naissance.
Journal de Médecine de Bordeaux, 1886.

De la comparaison entre la situation qu'occupe le cœur chez l'embryon d'abord, chez le fœtus plus tard, avant la naissance, et celle qu'il occupe immédiatement après que l'entrée de l'air dans les poumons a déplissé et dilaté ces derniers; de l'étude attentive des courbures que forcément affecte le diaphragme après la première inspiration (courbures qui résultent des insertions costales et sternales de ce muscle, ainsi que de la présence du foie à droite et de la rate à gauche), il résulte que le cœur, qui suit le mouvement d'abaissement instantané du centre phrénique, doit évoluer, doit glisser vers la droite, s'incliner vers en bas et diriger sa pointe en avant et à gauche. Ce mouvement de torsion ne peut s'exécuter qu'autour d'un pédicule fixe. Ce pédicule est constitué par l'origine des gros vaisseaux et surtout par celle du canal artériel.

En vertu de cette torsion, le canal artériel s'oblitère et la circulation pulmonaire s'établit, ce qui explique comment la circulation devient subitement et mécaniquement pulmonaire aussitôt que la première inspiration s'est produite, tout aussi bien chez le fœtus à terme que chez celui qui naît à sept mois. En raison de l'obliquité que prend le cœur à ce moment, le maximum de poussée de l'onde sanguine lancée par le ventricule gauche, au lieu de se faire directement de bas en haut comme dans la circulation fœtale, se fait obliquement vers un point de la paroi du sinus aortique où les éléments élastiques sont accumulés dans la tunique moyenne.

Il suffit alors de faire une construction géométrique des plus élémentaires (l'angle de réflexion étant égal à l'angle d'incidence) pour se rendre compte que le maximum de la poussée de l'onde sanguine vient aboutir après réflexion sur la paroi élastique du sinus aortique, au niveau de l'ouverture de la carotide primitive gauche. Il en résulte nécessairement une prédominance dans la nutrition de l'hémisphère cérébral gauche, prédominance qui n'existe pas chez le fœtus et qui est consécutive et corrélative au mouvement de torsion du cœur au moment où celui-ci suit le diaphragme dans son abaissement, abaissement dû lui-même à la dilatation du poumon, organe passif jusque-là. De ces données primordiales, j'ai déduit l'explication des faits physiologiques et pathologiques dont rend facilement compte la différence des conditions de la circulation dans les deux hémisphères cérébraux.

Les idées que j'ai émises dans ce travail, idées non pas simplement théoriques mais expérimentales et analytiques, sont généralement adoptées aujourd'hui. M. le Professeur Sappey a bien voulu me dire lui-même qu'il considérait ce travail comme devant rester d'une manière définitive dans la science. M. Beaunis y renvoie ses lecteurs à la page 842, tome II, de son *Traité de Physiologie,* 3° édition.

Études expérimentales sur un supplicié (en collaboration avec MM. JOLYET et PLANTEAU). — *Journal de Médecine de Bordeaux,* 1886.

Les expérimentations soigneusement faites sur le corps et la tête de ce supplicié ne nous ont pas fourni de résultats nouveaux ; il est vrai que ce n'est que quinze minutes seulement après la décapitation que le corps a pu nous être livré. Nous injections directement et bout à bout dans la carotide du sang artériel pris sur un mouton et nous n'avons pu rétablir aucune trace d'excitabilité cérébrale. Il faudrait, pour amener à bien des expériences de ce genre, que la tête tranchée pût instantanément être mise entre les mains des expérimentateurs, et encore peut-être la commotion cérébrale due à la chute de la masse du couteau entraverait-elle l'apparition des phénomènes d'excitabilité due au passage de l'oxyhémoglobine globulaire.

Études sur les circonvolutions frontales du cerveau des assassins. — *Journal de Médecine de Bordeaux,* 1886.

Benedickt (de Vienne) avait annoncé que sur un grand nombre de cerveaux d'assassins il avait trouvé un dédoublement de la première ou de la deuxième circonvolution frontale, ce qui rapprochait ces cerveaux d'assassins du type qu'affectent les circonvolutions frontales chez les grands carnassiers. Ces résultats, obtenus par mon collègue de Vienne, venaient trop en concordance avec les idées psychologiques qui hantaient mon esprit pour que je ne cherchasse pas à les vérifier. J'ai pu me procurer ainsi trois cerveaux d'assassins décapités et chez tous les trois, à un degré plus ou moins absolu, j'ai pu constater le dédoublement indiqué et signalé par Benedickt. De cette démonstration, et bien qu'une fois sur un cerveau inconnu j'aie pu constater la même modification typique sans que rien n'ait pu me faire savoir quel était l'individu auquel ce cerveau avait appartenu, j'ai été conduit à formuler quelques conclusions psychologiques et criminalistes.

On m'a bien objecté que le même dédoublement avait été observé sur un certain nombre de cerveaux d'individus morts dans les prisons de Paris. Je ne dis pas le contraire; mais on n'a pas l'habitude, en général, de séquestrer dans les prisons et dans les maisons de dépôt des individus qui ne prêtent pas au moins à des suspicions légitimes.

Le dernier Congrès de médecine légale criminaliste s'est en majorité rangé à la théorie de Benedickt, théorie que, le premier en France, j'ai soutenue et étayée sur des faits bien étudiés.

Nouveaux Éléments de Pathologie externe, publiés par le professeur **A. BOUCHARD** (de Bordeaux), avec la collaboration de MM. les Agrégés de Chirurgie et d'Anatomie de la Faculté de Bordeaux.

Les trois premiers fascicules ont paru chez Asselin et Houzeau (Paris, 1886, 1887, 1888). Le dernier est sous presse et paraîtra incessamment.

Je ne saurais mieux faire, pour rendre compte de l'esprit dans lequel j'ai conçu et publié ce grand travail, que de reproduire ce qu'en disait récemment la *Revue de Chirurgie,* juin 1889.

« Le premier fascicule du tome II des *Éléments de Pathologie externe* faits à Bordeaux, sous la direction de M. le professeur A. Bouchard, vient de paraître. Ce traité élémentaire, fait pour initier les étudiants à la pathologie, est d'un plan simplement conçu : pas d'historique, pas de bibliographie, pas de discussions, un exposé simple de la pathologie, sans nom d'auteur, en essayant, gros problème mais excellente tendance, de donner pour la plupart des phénomènes cliniques une explication rationnelle basée sur les connaissances anatomo-physiologiques. La chirurgie est en ce moment dans une période d'évolution intense, et bien des points sont modifiés par suite des données nouvelles en anatomie pathologique, en clinique et en pathologie générale, données qui sont la conséquence de la mise en pratique de la méthode antiseptique; dans les éléments de M. A. Bouchard, on retrouve l'indication de ces transformations subies par la pathologie. »

THÈSES ET TRAVAUX PUBLIÉS PAR MES ÉLÈVES SOUS MA DIRECTION

J'ai toujours cru et je crois encore qu'il est du devoir d'un professeur, directeur de laboratoire, de faire participer ses élèves à ses recherches et à ses travaux. Depuis que j'ai l'honneur d'enseigner, je me suis efforcé de mettre ces principes en pratique et j'ai pu ainsi faire publier par mes élèves une série de travaux intéressants dont plusieurs resteront dans la science.

Je me borne à en indiquer les principaux :

A. RENOULT. — **Du rôle du système vasculaire dans la nutrition en général et dans celle du muscle cardiaque en particulier.** — Thèse de Strasbourg, 1869.

Dans cette thèse, j'ai fait reprendre par M. Renoult, préparateur de mon cours à Strasbourg, les travaux de Lanelongue (de Paris) sur la circulation veineuse des oreillettes; j'ai fait confirmer, à quelques détails près, la description qu'il en avait donnée. Dans le même travail, j'ai fixé définitivement, je le crois, le rapport de l'ouverture des artères coronaires avec le bord supérieur des valvules aortiques et j'ai prouvé que c'est bien pendant la systole que le sang pénètre dans les artères cardiaques et non pendant la diastole, comme on l'avait dit.

A. DUMONT. — **Les tumeurs synoviales de la main.** Thèse de Bordeaux, 1880.

L'étude d'un cas de synovite fongueuse de la main, trouvé dans le service de mon collègue et ami M. le professeur Demons, m'a engagé à reprendre le travail de Maslieurat-Lagémard sur les synoviales tendineuses du poignet et de la main. C'est l'ensemble de ces recherches nouvelles qui est exposé dans la thèse de M. A. Dumont. Ce travail explique, en outre, l'influence qu'exercent les frottements et les pressions professionnels sur le développement des gaines tendineuses de la main.

MARCONDÈS-RÉZENDE. — Études sur le mécanisme de la fermeture de l'arrière-cavité des fosses nasales dans la douche de **Weber**. — Thèse de Bordeaux, 1882.

MAUBRAC. — Recherches anatomiques et physiologiques sur le muscle sterno-cléido-mastoïdien. Thèse de Bordeaux, 1883.

M. Maubrac, mon élève et mon ancien prosecteur, a

cherché à démontrer dans son travail que le sterno-mastoïdien, ainsi que je l'enseigne à mon cours, est un annexe des organes des sens ; c'est lui, en effet, qui, avec le trapèze, nous permet de tourner la tête vers le point de l'horizon où nos yeux, nos oreilles, voire même notre olfaction, peuvent nous dévoiler un danger. Pour que les organes des sens, qui surtout sont des organes de protection, nous prémunissent contre les causes vulnérantes extérieures, il faut que nous puissions leur faire embrasser les trois quarts de l'horizon ; les muscles propres des yeux ne permettant pas par eux-mêmes cette excursion du mouvement, il faut que le sterno-mastoïdien et le trapèze interviennent en faisant tourner la tête et, avec elle, les orbites, etc.

PRINCETEAU. — **Essai sur quelques anomalies viscérales et artérielles chez l'homme.** — Thèse de Bordeaux, 1884.

Pierre **SUDRE**. — **Contribution à l'étude des conditions dans lesquelles se produisent la commotion et la contusion cérébrales.** — Thèse de Bordeaux, 1886.

Dans ce travail, mon neveu, M. le Dr P. Sudre, publie les idées théoriques et les résultats expérimentaux auxquels je suis arrivé pour expliquer la manière dont un choc sur le crâne peut déterminer tantôt une contusion cérébrale et tantôt une commotion. L'étude des conditions physiologiques basées sur les phénomènes physiques d'incompressibilité des liquides, celle des phénomènes pathologiques (qui tantôt sont localisés au point frappé et qui, d'autres fois, retentissent sur la totalité du cerveau, de telle sorte que les phénomènes psychiques, moteurs et sensitifs, sont simultanément abolis), m'ont amené à admettre que dans les cas de commotion il fallait toujours que la force, le choc, fussent transmis intégralement à toutes les parties du cerveau, quel que soit le point atteint par la violence extérieure. Cette transmission intégrale de la force ne pouvait être due qu'à un liquide, seul capable de transmettre intégralement le choc. C'est donc aux mouvements du liquide céphalo-rachidien que j'ai cru devoir attribuer la différence que les cliniciens et les pathologistes observent dans le cas de commotion et de contusion, et comme les mouvements grands ou petits de ce liquide (qu'il descende dans l'axe rachidien ou qu'il s'accumule à la base du cerveau dans les lacs arachnoïdiens) sont toujours en relation avec les mouvements d'expiration et d'inspiration, c'est à l'instant respiratoire où le traumatisme est produit que j'ai attribué la différence entre les accidents de commotion répartis sur toute la surface du cerveau et ceux de contusion localisés au point du choc.

Si cette théorie n'est pas encore universellement admise, je puis dire qu'un grand nombre de physiologistes et de pathologistes l'ont adoptée et se sont rangés à mes idées.

HÉDON. — **Étude anatomique sur la circulation veineuse de l'encéphale.**—Thèse de Bordeaux, 1888.

M. Hédon, mon élève, mon prosecteur, aujourd'hui agrégé à Montpellier, a repris, sur mes indications et avec une technique que je lui ai enseignée, l'étude de la circulation veineuse du cerveau. Trolard (d'Alger) avait déjà attaché son nom à une veine cérébrale anastomotique entre la circulation de retour des différents centres corticaux, centraux et basilaires. Hédon a démontré les relations qui existent entre la circulation veineuse des noyaux centraux et l'écorce. Ce travail, très bien conduit, très étudié, marquera une étape nouvelle dans nos connaissances anatomiques des centres encéphaliques. Les veines de communication découvertes par Hédon devront prendre son nom et je me propose de les désigner ainsi dans la cinquième édition des *Nouveaux Éléments d'Anatomie*.

DUMUR. — **Recherches expérimentales sur le mécanisme des articulations radio-cubitales. Mouvements de pronation et de supination.** — Thèse de Bordeaux, 1889.

La thèse de M. Dumur résume et éclaire d'un jour nouveau une question controversée depuis longtemps et tout récemment encore; les uns, et j'étais du nombre, soutenaient que toute l'excursion des mouvements de pronation et de supination se passait exclusivement dans l'articulation radio-cubitale, que, par suite, le cubitus restait immobile, le radius seul tournant autour de son axe. Déjà, Lecomte avait fait voir que l'apophyse styloïde du cubitus changeait de place dans ces mouvements et que, par suite, le cubitus devait se mouvoir. Quelques travaux publiés en Angleterre, en Belgique, à Lausanne, m'ont engagé à reprendre la question, et pour la résoudre d'une manière définitive je me suis adressé aux méthodes graphiques.

J'ai fait, après fixation de l'humérus, décrire aux os de l'avant-bras des mouvements de pronation et de supination, et j'ai pu constater, par les tracés obtenus, que, dans la première moitié du mouvement de pronation, le cubitus reste immobile, le style qui passe par son axe ne décrit qu'un point sur le tracé, tandis que le radius, au contraire, décrit une courbe.

A partir du moment où le mouvement de pronation est arrivé au milieu de sa course, le cubitus, à son tour, se meut et dessine une courbe sur le tracé obtenu, mais cette courbe est d'un rayon différent de celle décrite par le style implanté dans le radius. Ce n'est plus, par conséquent, dans la même articulation que se produit ce supplément de mouvement; la pronation est donc un mouvement complexe se faisant, pour sa première moitié, dans l'articulation radio-cubitale, et pour l'autre dans l'articulation scapulo-humérale, ainsi que la méthode graphique appliquée à la fois aux deux articulations nous l'a démontré.

Dans la supination, les mouvements sont inverses : la première moitié appartient à l'épaule et la seconde partie du mouvement est exclusive à l'articulation radio-cubitale.

La thèse de M. Dumur n'est qu'un premier jalon, elle n'est que la partie préliminaire d'un travail d'ensemble que je me propose de faire sur l'étude des mouvements articulaires par les méthodes graphiques.

ORGANISATION
ET INSTALLATION DE L'INSTITUT ANATOMIQUE DE BORDEAUX

Tout le monde a pu voir, à l'Exposition du Ministère de l'Instruction publique, section française, les plans de nos trois pavillons, construits avec un talent hors ligne par M. Pascal et aménagés par lui d'après les indications qu'il m'avait fait l'honneur de me demander. Je me bornerai à signaler leur organisation intérieure, les appareils, l'instrumentation nouvelle et perfectionnée que j'ai cru devoir y introduire.

1° Laboratoires, salles de dissection.

Les cadavres, fournis par les hôpitaux, sont amenés le soir, dans un fourgon couvert. Aussitôt arrivés, ils sont numérotés et inscrits sur un registre *ad hoc,* avec leurs noms, la date du décès, l'hôpital, le numéro du lit et de la salle d'où ils proviennent. Toutes ces indications nous permettent, le cas échéant, de nous reporter à la nature de la dernière maladie et de rechercher les antécédents de l'individu lorsque, dans le cours des dissections, nous découvrons soit une anomalie quelconque, soit une lésion passée inaperçue.

Ces constatations préliminaires accomplies, les sujets, quand ils n'ont pas été autopsiés et pourvu que déjà la putréfaction gazeuse ne s'en soit pas emparée, sont déposés sur des massifs en béton, construits dans une grande salle située au sous-sol (¹). Ces blocs en béton sont inclinés de la tête aux pieds; ils sont garnis de rainures qui, toutes, aboutissent vers l'extrémité inférieure et se réunissent dans une seule rigole, qui conduit à un récipient tous les liquides qui pourraient s'échapper.

Un garçon, très habile et très habitué à ce service, cherche la carotide primitive gauche, y introduit une canule à injection, avec robinet, montée sur un long tube de caoutchouc. Ce dernier est en communication avec une bonbonne en verre qui contient le liquide destiné à l'injection conservatrice. L'artère étant fixée sur la canule, on ouvre le robinet et, sous l'influence de la pression (la bonbonne est placée à trois ou quatre mètres au-dessus du niveau du sujet), le liquide pénètre. On abandonne alors l'appareil à lui-même et, douze heures après, le lendemain matin, on constate que le niveau du liquide de la bonbonne ne baisse plus, on ferme le robinet, on lie l'artère au-dessous de la canule, on retire celle-ci, le sujet est transporté plus loin et mis en réserve jusqu'au moment où l'on veut

---

(¹) D'un côté, nos pavillons ouvrent de plain-pied sur la grande cour intérieure de la Faculté et, de l'autre, ils sont surélevés, au-dessus du jardin, de toute la hauteur d'un étage. C'est ce rez-de-chaussée que nous appelons sous-sol.

l'utiliser. Dans ces conditions, et alors même que l'abdomen du cadavre avait, à l'arrivée, la couleur verte caractéristique, le corps, avec tous ses viscères et ses centres nerveux, se trouve à l'abri de toute putréfaction.

Lorsque, au contraire, le sujet a été autopsié, ne pouvant plus pratiquer une injection générale, je fais pénétrer le liquide soit simultanément, soit successivement par les axillaires, par les fémorales et par les carotides, après avoir épongé avec soin les cavités splanchniques ou ce qu'il en reste et les avoir fait laver largement avec le liquide antiseptique.

Très peu de temps, une heure tout au plus, après la ligature du vaisseau et l'ablation de la canule à injection, il ne reste plus trace de liquide dans les gros vaisseaux, tout a pénétré jusque dans l'intimité des tissus.

Pendant un temps qui varie suivant les saisons, les cadavres restent ainsi à l'état d'intégrité parfaite, puis, peu à peu, la couche cornée de l'épiderme tombe par places, la couche malpighienne est à nu, elle se dessèche à l'air comme un vésicatoire et lentement cette dessiccation gagne la profondeur.

J'ai, dans mes salles de conservation, des sujets ainsi momifiés avec leurs viscères, qui datent de trois et quatre années.

Ceux qui ne sont pas destinés à ces expériences de conservation prolongée sont utilisés, suivant les besoins, pour les dissections ou pour la médecine opératoire ; toujours, on le comprend, nous distribuons aux élèves les cadavres les plus anciens en date d'injection et toujours, pour les travaux d'anatomie, ils sont utilisables pendant un mois ou six semaines.

Jamais, je puis en prendre à témoins tous mes collègues, tous les professeurs français et étrangers qui m'ont fait l'honneur de visiter l'Institut de Bordeaux, jamais, lorsque l'injection a été faite dans de bonnes conditions, on ne saurait y découvrir une trace d'odeur quelconque; jamais on ne peut constater, même dans les intestins, le foie, la rate, une trace quelconque de putréfaction. Depuis que j'emploie cette méthode, les nombreux élèves qui fréquentent mes pavillons se sont piqués maintes et maintes fois, mes garçons de laboratoire, MM. les aides d'anatomie, prosecteurs, agrégés de la Faculté et moi-même, nous sommes piqués fréquemment, et jamais, pas une seule fois, coupures, déchirures et piqûres n'ont occasionné le moindre accident; jamais même une gouttelette de pus ne s'est formée dans ces petites plaies. Depuis longtemps nous avons tous renoncé à l'usage de la lotion phéniquée, un simple lavage à l'eau suffit et, souvent même, les élèves continuent leurs dissections sans précaution aucune aussitôt après que le petit écoulement de sang s'est arrêté. De tous les bénéfices retirés de ma méthode, c'est de ce dernier dont je me félicite le plus, j'ai la conscience d'avoir mis mes élèves à l'abri de tous les accidents anatomiques si terribles jadis.

Après la dissection, au bout de quelques jours, les couches superficielles des muscles brunissent et se dessèchent, les parties intérieures conservent cependant leur coloration normale. Pour éviter cet inconvénient qui, du reste, n'empêche en rien les dissections, j'engage les élèves à recouvrir leur préparation, quand le soir ils quittent le pavillon, avec une feuille de gutta-percha laminée, elle intercepte le contact de l'air et empêche ainsi les transsudations.

La chute de la couche cornée de l'épiderme, la momification qui s'ensuit, me préoccupaient vivement; je perdais ainsi des parties de cadavre qui devaient encore pouvoir être utilisées, sinon pour les dissections, au moins pour les épreuves pratiques de l'examen d'anatomie. Je ne pouvais avoir la prétention de refaire un nouvel épiderme, mais je me demandais si, en rendant aux tissus desséchés une quantité d'eau imputrescible équivalente à celle qu'ils avaient perdue par évaporation à travers la couche de Malpighi, je ne parviendrais pas à rendre à ces pièces momifiées, ligneuses, la souplesse et la mollesse des éléments anatomiques normaux. Je fis préparer un grand bain, composé d'eau fortement alcoolisée additionnée du liquide conservateur, et j'y plongeai ces débris. Après un temps variable entre deux et quinze jours, suivant leur état de dessiccation, j'eus la satisfaction de voir ces pièces reprendre leur forme, les muscles leur couleur, tous les tissus leur souplesse et, lors de l'inauguration de la Faculté de Bordeaux, j'ai pu faire voir à mes honorés collègues, MM. les professeurs Cornil et Lannelongue (de Paris), un triangle de Scarpa dont les artères venaient d'être injectées sur une cuisse de femme conservée depuis plus de deux ans. Cette pièce est toujours dans mes laboratoires, elle date de quatre ans maintenant et je pourrais, après l'avoir trempée pendant quelques jours, faire continuer la dissection de la jambe et du pied restés intacts. Aujourd'hui tous les débris de sujets desséchés sur les tables de dissection sont précieusement recueillis par mes garçons, ils sont mis dans le bain dont je viens de parler; il en est qui y baignent depuis dix-huit mois, jamais il ne s'en dégage la moindre odeur putride et tous les tissus ont repris leur mollesse, leur coloration, à un point tel que ce sont là les réserves que j'utilise pour les épreuves pratiques du deuxième examen de doctorat.

L'injection conservatrice dont je me sers est constituée par une solution de borate de soude dans de la glycérine. Depuis longues années, nous avions constaté à Strasbourg, Beaunis et moi, la parfaite conservation des préparations anatomiques dans cette solution, mais ce n'est qu'à Bordeaux que j'eus l'idée de la faire pénétrer dans les tissus, par injection artérielle sous pression lente et continue.

Les préparations à base d'acide phénique conservent aussi les cadavres, mais, outre d'autres inconvénients, leur odeur est repoussante et j'ai dû y renoncer. Celle dont je me sers est absolument inodore; contrairement au sublimé, elle n'est pas toxique, ne présente aucun danger et, à l'inverse du chlorure de zinc, elle ne décolore pas les tissus et n'abîme pas les scalpels.

En voici le mode de préparation :

Prenez de la glycérine du commerce aussi limpide que possible; chauffez-la jusqu'à 70 ou 80°; faites-y dissoudre, jusqu'à saturation complète, du borate de soude réduit en poudre impalpable. Remuez avec une spatule jusqu'à dissolution. Décantez et mettez dans la bonbonne. A ce moment, la glycérine est devenue sirupeuse et pénétrerait difficilement dans les vaisseaux; pour la rendre plus fluide, additionnez d'alcool ordinaire. Quand vous voudrez conserver les sujets pendant très longtemps ou pendant la saison chaude, diminuez la quantité d'alcool, n'en mettez que le tiers; au contraire, en hiver ou pour des cadavres qui devront être rapidement utilisés, mettez-en la moitié.

C'est, surtout, sur l'injection lente et automatique, si ce mot peut s'appliquer, que j'insiste; c'est par elle que le liquide conservateur atteint les capillaires et revient par les veines.

Il peut arriver, rarement il est vrai, que, malgré tout, certaines parties du sujet se putréfient, les autres, au contraire, restant indemnes de toute décomposition cadavérique. Toujours, alors, il existe un obstacle à la pénétration du liquide, un caillot artériel au point où l'altération se produit; j'en ai, par devers moi, des preuves absolues; je n'en citerai qu'une que je crois probante : M. Planteau, aujourd'hui professeur à Alger, alors qu'il était chef des travaux anatomiques à Bordeaux, dans le but d'éviter l'incision nécessaire au cou pour découvrir la carotide, eut l'idée de faire pénétrer l'injection par la fémorale en la poussant de bas en haut; il pensait, à juste titre, que par la fémorale profonde les artères situées au-dessous se rempliraient. Grand fut son étonnement quand il vit tout le cadavre absolument conservé, sauf le membre inférieur sur lequel l'injection avait été pratiquée. Je fis constater alors que, sur ce sujet, l'origine de la fémorale profonde était, ainsi que je l'avais annoncé à l'avance, au-dessous du point normal et que l'injection n'avait pu y pénétrer.

La théorie de cette méthode conservatrice est aisée à comprendre. Le borate de soude est la substance antiputride, l'eau ou l'alcool en dissolvent une faible quantité ; la glycérine, au contraire, en dissout à peu près un poids égal au sien ; de plus, la glycérine est avide d'eau et se substitue lentement à celle des éléments anatomiques avec lesquels les capillaires par où elle passe sous pression continue la mettent en contact.

La preuve de ce fait se trouve dans l'examen microscopique des éléments pris sur des sujets conservés par notre procédé. Si, dans ces conditions, l'on examine des fibres musculaires dissociées, on ne voit, au premier moment, que des gaines de sarcolemme remplies par une série innombrable de granulations, très fines et très réfringentes de glycérine ; si, alors, on traite par l'alcool absolu ou par l'éther, la glycérine disparaît et la fibre se présente au microscope avec ses striations et avec tous ses détails de structure.

Il en est de même des nerfs et des autres organes élémentaires. J'ai conservé un hémisphère cérébral qui n'a subi d'autre préparation que l'injection conservatrice et un bain de quinze jours dans la glycérine boratée. Cet hémisphère est malléable, comme s'il était en caoutchouc ; il me sert aux démonstrations des cours. Si l'on enlève une parcelle de circonvolution et qu'on l'examine au microscope, après avoir traité par l'alcool absolu ou l'éther, on voit nettement les cellules de l'écorce, et cet hémisphère est dans mon laboratoire depuis cinq ans.

A côté des salles de conservation et toujours dans les sous-sols, j'ai fait établir un grand coffre à congélation. Il consiste en une cuve en fer-blanc, isolée de toutes parts, en dessous, sur les côtés, par une très épaisse couche de matières isolantes. Le fond de la cuve est muni d'un tuyau d'écoulement qui conduit les liquides à l'égout. Un couvercle, constitué lui-même par des parois en bois renfermant une grande quantité de matières isolantes, vient fermer l'appareil. Pour rendre les parties absolument étanches, une épaisse lame de feutre est interposée entre le couvercle et les parois du coffre; par son seul poids, le couvercle, très lourd, obture absolument tout l'appareil et aucun réchauffement venu du dehors ne peut s'y produire. En raison même de ce poids considérable du couvercle, il a fallu trouver un système spécial d'ouverture et de fermeture par glissement sur des galets; c'est à M. le professeur Planteau, mon cher ami et collègue, que je le dois.

Le cadavre ou ses parties sont déposés dans la cuve et enterrés sous des couches de glace pilée et de sel marin; au bout de douze ou quinze heures après la fermeture de l'appareil, un tronc entier avec la tête et les organes encéphaliques est amené à la dureté de la pierre. La température constante de la cuve fermée est, avec le mélange de glace et de sel marin, de — 14° à — 15°.

Une fois congelé, le sujet ou la partie sur laquelle on veut opérer est apporté sur une table; on marque les lignes suivant lesquelles on se propose de faire des coupes; puis, après avoir saisi la pièce entre des guides en bois destinés à la maintenir immobile, on la présente à la lame d'une scie à rubans, actionnée au moyen d'un grand volant que font tourner des aides. La section se fait instantanément et suivant les lignes tracées à l'avance. Je puis obtenir ainsi des coupes d'un demi-centimètre d'épaisseur, sans bavures aucunes, sans que la voie de la scie, très mince, ne compromette les rapports réciproques des organes.

Mon collègue, M. le professeur agrégé A. Moussous, a pu exécuter ainsi un grand nombre de coupes du thorax, coupes qu'il a calquées sur les pièces congelées; elles vont faire l'objet d'un mémoire qu'il prépare sur les déplacements du cœur et des poumons dans les épanchements thoraciques. Avec M. Planteau, j'ai pu faire ainsi des coupes successives de crânes et de l'encéphale y contenu, débiter, en un mot, crânes et encéphales en lamelles d'un demi-centimètre d'épaisseur. Il suffit alors d'étendre une légère couche d'alcool sur la surface de la pièce, et l'on peut en prendre le calque en noir ou coloré. Je me propose de reprendre à nouveau toute cette étude de topographie cérébrale, en opérant suivant trois plans de section, de manière à fixer mathématiquement la position réciproque des différentes régions des centres nerveux.

Dans une autre partie des sous-sols, j'ai pu obtenir de faire construire un fourneau de chimie qui me permettra d'avoir toujours de l'eau chaude en quantité, de faire préparer par mes garçons la glycérine boratée, et de terminer personnellement mes recherches sur les meilleures méthodes d'injections artérielles, veineuses et lymphatiques. Déjà Hédon, dans sa thèse, a fourni quelques indications sur une nouvelle méthode d'injection veineuse à froid, dont je publierai plus tard les résultats définitifs.

L'Institut anatomique de Bordeaux est muni aujourd'hui de toute l'instrumentation désirable : de microscopes ordinaires ainsi que des plus perfectionnés (celui de Zeiss, avec lentilles apochromatiques et oculaires compensateurs). Il possède des microtomes de toute espèce : microtome de Ranvier, microtome à série de Henneguy et, sous peu, je compte recevoir un grand microtome à coulisse, que j'ai commandé.

Pour les études embryologiques, nous possédons une couveuse, un microscope à photographie et j'ai fait installer une chambre noire pour le développement des clichés.

Dans mon cabinet particulier et dans celui du chef des travaux se trouve une bibliothèque de laboratoire, qui permet à mon personnel et à mes élèves de retrouver facilement et sans perte de temps les travaux les plus récemment publiés.

J'ai pu acquérir le grand schéma du parcours des fibres nerveuses de la moelle et de l'encéphale qui se trouvait à l'Exposition, section suisse. Il sert à la démonstration et aux études anatomiques, physiologiques et pathologiques.

Les locaux du nouveau Musée d'anatomie nous seront livrés dans peu de mois et je compte pouvoir, pendant le semestre d'été prochain, opérer le déménagement, la vérification et le classement de toutes les pièces enfouies dans les anciens locaux de Saint-Côme.

2° **Amphithéâtre des cours.**

Grâce à l'admirable talent de M. l'architecte Pascal, j'ai pu satisfaire mes désirs et obtenir la construction d'un amphithéâtre dans lequel un grand nombre d'auditeurs pussent être aussi rapprochés que possible du centre de la table de démonstration, voir de toutes les parties des gradins et entendre sans que le professeur fût obligé de forcer sa voix. Toutes ces conditions sont réalisées, les gradins, très élevés et surplombants, donnent place à 300 ou 350 élèves, dont les plus éloignés ne sont qu'à une distance maxima de 7^{m}50 du professeur.

Les tableaux noirs de démonstration sont munis de contre-poids qui permettent de les faire glisser l'un sur l'autre et de ne pas effacer les dessins aussitôt après qu'ils viennent d'être tracés. Des toiles sans fin, placées dans les panneaux situés à côté des tableaux noirs, permettent d'y épingler les grandes planches ou les grands dessins schématiques et d'en faire passer ainsi successivement un grand nombre sous les yeux des auditeurs.

Une glace dépolie, de la dimension d'une porte ordinaire, est mise à découvert quand les deux tableaux noirs de démonstration ont été repoussés vers le haut. Elle servira aux projections aussitôt que le moteur définitif sera installé. Pour que les projections puissent se faire en plein jour, des rideaux opaques, mûs par deux crémaillères, se ferment et se rouvrent en quelques instants.

Ajoutons, pour être complet, que tous les locaux de l'Institut anatomique sont chauffés par des calorifères séparés, que leur système de ventilation et d'aération est tel que tous ceux qui les ont visités ont été surpris de l'absence totale et absolue de toute odeur, et cependant nos tables de dissection ne cessent d'être toutes occupées depuis la rentrée de novembre jusqu'au 15 mars.

Bordeaux. — Imp. G. GOUNOUILHOU, rue Guiraude, 11.

www.ingramcontent.com/pod-product-compliance
Lightning Source LLC
LaVergne TN
LVHW021700080426
835510LV00011B/1498